AF454492

L'ENFANT DE CHOEUR,

COMÉDIE-VAUDEVILLE EN DEUX ACTES.

PAR MM. DUMERSAN ET CARMOUCHE,

Représentée sur le théâtre de la Gaîté, le 9 décembre 1841.

PERSONNAGES.

NICOLAS TUYAU, Maître d'école, tenant la classe des enfants de chœur dans la paroisse du faubourg de Seltz.   MM. NEUVILLE.
LABARRE, ancien militaire, adjudant du maire.   FRADIER.
DARCY, jeune voyageur.   GOUGET.
CLOUD, employé à la maison des eaux minérales.   FRANCISQUE jeune.
DORGEVAL, directeur d'une troupe ambulante d'opéra français.   CHARLET.
ARSÈNE, enfant de chœur.   Mesd. CLARISSE.
Mlle FOLLEVILLE, comédienne.   LÉONTINE.
Dame BARBE, gouvernante de M. Tuyau.   STÉPHANIE.
Quatre enfants de chœur. Comédiens et comédiennes. Un Gendarme.

Le costume des enfants de chœur est une lévite violette, allant à mi-jambes, avec un collet et des parements rouges, petits boutons rouges ; bas blancs, coiffure à l'enfant.

La Scène est au premier acte à Seltz ; au deuxième acte à Bade.

ACTE I.

Une place de faubourg, au fond une montagne, à droite la maison de Labarre, à gauche celle de Nicolas Tuyau.

SCÈNE I.

CLOUD, *écoutant à la porte de la maison de Nicolas Tuyau. Le père LABARRE sortant de chez lui la pipe à la bouche.*

CLOUD, *fredonnant.*
Ré, fa, sol, la, sol, fa, mi, ré...ré, fa, sol, la...

LABARRE, *lui frappant sur l'épaule.*
Te voilà encore, grand imbécile de Cloud ?

CLOUD.
Parce que je m'appelle Cloud, vous n'avez pas besoin de me cogner.

LABARRE.
Qu'est-ce que tu espionnes toujours à cette porte ?

CLOUD.
Je cultive la musique extérieurement, j'écoute le plain-chant en plein air. Depuis qu'il a été établi une maîtrise dans la paroisse de ce faubourg, je tourmente monsieur Nicolas Tuyau, pour qu'il me prenne, je suis né pour la musique...

LABARRE.
Tu veux être aussi enfant de chœur, tu es trop grand...

CLOUD.
L'homme est un grand enfant.

LABARRE.
Nicolas Tuyau a bien assez des cinq mioches qui composent sa classe !... Des petits bedeaux en herbe... Au lieu d'habiller ces marmousets comme des petits abbés, on ferait mieux de leur mettre des pantalons garance et un fusil à la main.

CLOUD.
Ah ! vous, père Labarre, parce que vous avez été militaire, vous voudriez que tout le monde le fusse.

LABARRE.
C'est utile, au lieu que tes chanteurs, à quoi ça sert-il ?

CLOUD.
A chanter... J'aimerais mieux ça que mon bête d'état de boucheur et de ficeleur de cruchons, et cependant il faut encore du talent. Dans toute la ville de Seltz, renommée pour ses eaux minérales, il n'y a pas un artiste pour boucher et ficeler un cruchon comme moi.

LABARRE.
Ne t'épargne donc pas.

CLOUD.
Père Labarre, voulez-vous que je renonce à ma

passion d'enfant de chœur !.. mariez-moi... Donnez-moi votre jolie nièce Nicole.

LABARRE.

Va donc boucher tes cruchons, on t'attend à la fontaine.

CLOUD.

Est-ce que je vous ennuie ?

LABARRE.

Mais tu ne m'amuses pas.

CLOUD.

Eh bien, donnez-moi la main, vous ne m'amusez pas, non plus... Hein, dites-donc, ce pauvre Cloud, il vous a rivé le vôtre... votre clou..

LABARRE.

Attends !.. Je ne vais pas te faire chanter... mais danser...

CLOUD, se sauvant,

Venez-y donc !.. j'ai les jambes longues !..

SCÈNE II.

LES MÊMES, EUGÈNE DARCY, *en habit de voyage, une cravache à la main.*

CLOUD, *en courant, rencontre Eugène, qui descendait la montagne ; il se jette étourdiment sur lui, et tombe à la renverse sur le derrière.*

Ah ! la, la, la, excusez, monsieur. (*se relevant*) Je ne vous ai pas fait de mal ?

DARCY.

Non, heureusement pour vous, sans cela !..

CLOUD, se frottant.

Eh ! bien, je m'en suis fait, moi...

DARCY.

Ah ! Ah !—Pourriez-vous m'indiquer ?...

CLOUD, se frottant toujours.

C'est-là...

DARCY.

Je vous demande de m'indiquer la mairie de l'endroit ?

CLOUD.

Ah ! elle est sortie... c'est l'heure de son dîner.

DARCY.

Mais, M. le Maire ?..

CLOUD.

Il est allé ce matin à Haguenau dans sa carriole. Pourtant faute de maire, vous voyez ce gros père... là-bas, c'est lui qui le remplace.

LABARRE, se retournant et allant à lui.

Monsieur, qu'est-ce qu'il y a pour votre service ? Je suis adjoint de la mairie...

DARCY.

Monsieur, il y a une quinzaine de jours j'ai déjà traversé ce pays, et d'après de nouveaux renseignements que j'ai recueillis à Strasbourg, j'y reviens pour une affaire qui m'intéresse beaucoup. Il s'agit d'une jeune inconnue pour laquelle depuis plusieurs mois j'ai fait quelques milliers de lieues et quitté le nouveau monde.

CLOUD.

Comment !, monsieur, vous revenez de l'autre monde ?

DARCY.

Tel que vous me voyez, je cherche une femme par terre et par mer !

CLOUD.

Est-ce que vous venez d'un pays où elles sont prohibées ?...

LABARRE, riant.

Dans tous les cas, notre département en produit beaucoup.

DARCY.

Oui, mais y trouverai-je celle qu'il me faut ? Je ne la connais pas... je ne sais même pas si elle existe... néanmoins, j'ai promis de la chercher, et si je la rencontre, de l'aimer et de l'épouser... Vous voyez que c'est la position la plus singulière...

CLOUD.

Oui, la chose est assez bizarre !...

LABARRE.

Vous m'en avez assez dit pour piquer ma curiosité, mais pas assez pour que je comprenne...

CLOUD.

Oui, ça n'est pas clair...

DARCY.

Le reste est une histoire assez délicate... Je désire ne la confier qu'à vous seul, et de façon à ne pas être interrompu ou écouté par des indiscrets, des curieux, des bavards...

(*Il agite sa cravache près des jambes de Cloud.*)

CLOUD, à part.

Ceci me touche...

LABARRE.

Ma maison est à votre service, et vous ne serez peut-être pas fâché de vous rafraîchir ?

DARCY.

J'accepte volontiers...

CLOUD.

Monsieur, je pourrais vous mener boire à l'établissement des eaux.

DARCY.

J'aime autant un verre de vin du Rhin.

LABARRE.

No 2. Air : Partez puisque l'on vous réclame (Père Turlututu).

Venez boire, je vous prie,
Le vieux vin des vieux amis,
Qui trinquent sans cérémonie
Comme ils se battaient jadis.

Ensemble.

DARCY.

Je vais boire, puisqu'on me prie, etc.

LABARRE.

Venez boire, je vous prie, etc.

(*Ils entrent.*)

SCÈNE III.

CLOUD, seul.

Il a l'air d'un farceur, ce jeune étranger. Je voudrais bien connaître l'histoire qu'il va conter. (*On entend une cloche, puis les enfants de chœur rire et crier dans la maison du père Tuyau.*) Ha! l'heure de la récréation... tant pire, je vais jouer avec eux.

SCÈNE IV.

CLOUD, ARSÈNE, QUATRE ENFANS DE CHOEUR.

Air : Il était une bergère.

V'là la classe finie ,
    Courons,
    Sautons ,
    Jouons ,
    Chantons
Une autre litanie
Que cell' de nos leçons ,
    Sons ! sons !
Que cell' de nos leçons.
Hais ! hais ! hais ! hais ! (*Ils rient et se pous-*
sent l'un l'autre.)

CLOUD.

Même Air.

J'vous aim' quand j'vous vois rire,
    Qui riez tout de bon.
    Qui riez... bon donc !...
C'est bien plus gai que d'dire
Et versets et leçon
    Son , son ,
Et versets et leçon,
        TOUS.
    Sautons ,
    Jouons ,
    Chantons...
(*Ils se prennent par la main et dansent en*
rond.)
CLOUD.
Voulez-vous que j'en sois ?...
    ARSÈNE.
Ah ! ce grand nicodème qui veut jouer avec des
enfants.

CLOUD.
Je le suis aussi... de caractère !... D'ailleurs
vous savez bien que si j'ai une ambition, ça serait
d'être enfant de chœur comme vous... J'ai déjà la
voix... et si j'avais le costume , serais-je gentil!
        TOUS.
Jouons, jouons.
        CLOUD.
J'en suis... à de quoi ?.. à saute-mouton ?.. ou
à colin-maillard ; on court. on tombe, on se cogne
le nez... c'est amusant...
    TOUS, *criant.*
Colin-maillard !
        CLOUD.
Qui qui l'est ?.. Au doigt mouillé ; tenez, j'en
mouille un ; nous sommes cinq, chacun le sien...
        TOUS.
Allons, allons. (*Ils prennent chacun un doigt.*)
        CLOUD.
Arsène a le doigt mouillé, c'est Arsène qui l'est.
        ARSÈNE.
Tu as triché...
        CLOUD.
Pas vrai ! pas vrai , tu l'es ! Un mouchoir pour
faire un bandeau. V'là ma cravate... Ah ! attendez,
il y a une fente ; elle rit un peu. (*Il la plie.*)
        TOUS.

Nº 4. Air de Richard-Cœur-de-Lion.

Un bandeau couvre les yeux
De celui qui , dans ces jeux ,
A nous saisir s'apprête.

Allons, donne-moi la main ,
Cherche, cherche ton chemin ,
Et trotte à l'aveuglette.
(*Arsène étend les mains ; ils tapent tous dessus*
et se sauvent.)

SCÈNE V.

LES MÊMES , NICOLAS TUYAU
(*portant un rouleau de musique sous son bras,*
Il s'arrête.)

TUYAU.
Ha ! voilà mon jeune troupeau qui bondit.
    TOUS, *à mi-voix.*
Ah ! voilà M. Tuyau. (*Ils s'éloignent.*)
    ARSÈNE, *saisissant Tuyau.*
Je tiens Cloud , je tiens Cloud.
        CLOUD, *de loin.*
Casse-cou.
        ARSÈNE.
Je te tiens, tu ne m'échapperas pas... (*Il tape*
dessus de toutes ses forces) Tiens, Cloud... tiens,
Cloud !..
    TUYAU , *avec une petite voix.*
Je ne suis pas Cloud : devine. (*A part.*) Je me
prête à ces jeux enfantins...
ARSÈNE , *le tâtant et lui passant la main sur*
la figure.
Ce n'est pas le nez de Cloud !.. celui-ci est ca-
mard !
    TUYAU , *d'une grosse voix.*
C'est ton maître , polisson !
        ARSÈNE , *effrayé.*
Ah ! (*Il arrache son bandeau.*) Ah ! M. Tuyau,
pardon....
    TUYAU , *noblement.*
Tu tapais sur ton maître comme sur un âne...
        ARSÈNE.
Excusez... c'est l'heure de la récréation...
        TUYAU.
Et au lieu de faire des gammes, vous gaminez...
gamins !
        ARSÈNE.
Tiens !.. toujours chanter, c'est ennuyeux...
        TUYAU.
Est-ce que les oiseaux s'ennuient ?.. ils chan-
tent toujours...
        ARSÈNE.
Ah ! ils font leur nid ; ils pondent des œufs ,
et ils se becquetent.
        TUYAU.
Tais toi, révolutionnaire !
        ARSÈNE , *naïvement.*
Et quand ils sont amoureux , on dit que les oi-
seaux ne chantent plus.
        TUYAU.
Je crois que ce petit bonhomme aurait la vel-
léité de penser à l'amour... Aurais-tu cette vel-
léité , jeune imberbe ?
        ARSÈNE.
Je ne crois pas, M. Tuyau...
        TUYAU.
Un soprano !.. Rien ne gâte la voix comme l'a-
mour et les noix.
        CLOUD, *à lui-même.*
Ah ! oui, je t'en casse !

TUYAU.

Arsène !.. jeune espoir de ma classe , tu ferais bien mieux de repasser les morceaux que tu dois chanter ce soir , au joli concert que donne M. le Maire... notamment l'air de l'*Ambassadrice*, que toutes ces dames désirent entendre...

ARSÈNE.

Je le sais déjà sur le bout de mon doigt...

TUYAU.

Ce petit gaillard... il lit la musique à livre ouvert... Vas, si tu continues, et que tu grandisses, tu deviendras aussi grand musicien que moi !.. Allons , enfants, attention, nous allons répéter la marche de mon opéra de la *Création*, sur laquelle nous ferons notre entrée ce soir chez M. le Maire.

LES ENFANTS.

Oui , M. Tuyau.

TUYAU.

Arsène, va me chercher mon serpent.
Arsène entre dans la maison et revient avec un serpent à la main.)

CLOUD.

Une marche accompagnée par un serpent ?

TUYAU.

Si tu connaissais ton histoire, grand ignare, tu saurais que le serpent joue un grand rôle dans le poëme du *Paradis perdu*.

ARSÈNE , *du ton d'un écolier.*

Oui , c'est le serpent qui perdit Ève.

TUYAU , *regardant Cloud de travers.*

Silencio... tacet...

ARSÈNE.

No 5. Air : *Beauté sévère.*

Dans un bocage
Où sommeillait
Ève si sage,
Démon veillait.
Il la voit belle ,
Et le méchant
Vient auprès d'elle
Comme un serpent.

TUYAU.

La marche maintenant.
(*Les enfants rangés sur une file marchent à pas comptés, en répétant le refrain , précédés par Tuyau , qui joue du serpent.*)

ARSÈNE.

Elle l'écoute ,
Il la séduit ,
Puis elle goûte
Un très beau fruit.
Ah ! dit l'histoire ,
On se repent
D'avoir pu croire
Malin serpent.

SCÈNE VI.

LES MEMES, LABARRE, DARCY.

LABARRE, *à Darcy.*

Je vous promets de prendre , d'ici à ce soir , tous les renseignements que vous me demandez.
(*Ils continuent à parler bas.*)

TUYAU.

Ah ! oh ! un étranger que je ne connais pas...

CLOUD , *à mi-voix.*

C'est un jeune homme mystérieux... il cherche une femme qui l'intéresse à pied et à cheval.

ARSÈNE *apercevant Darcy.*

Ah ! mon Dieu ! je ne me trompe pas ! Vous voilà revenu par ici ?... Ah ! que je suis content de vous voir !... si vous saviez le plaisir !... Voulez-vous me permettre de vous embrasser ?..

DARCY.

De grand cœur, mon petit ami , car je suis bien reconnaissant.

TUYAU.

Il paraît qu'ils sont en pays de connaissance ! Petit , qu'avez-vous donc fait pour monsieur ?

ARSÈNE.

Oh ! mon Dieu, presque rien !..

DARCY.

Mon cheval avait été effrayé... il entraînait ma voiture renversée ; j'allais tomber dans un ravin très-profond... lorsque cet enfant accourt, se jette au-devant du cheval, et malgré le danger qu'il courait, m'a aidé à sortir de ce mauvais pas... et le croirez-vous, il n'a jamais voulu recevoir ce que je lui offrais.

TUYAU.

Ceci est une malhonnêteté.

ARSÈNE.

Si vous m'aviez payé, je n'aurais pas tant de plaisir à vous avoir obligé !..

TUYAU.

Bien ! cela ne m'étonne pas , monsieur , c'est moi qui lui apprends la musique.

DARCY.

On apprend la musique à Seltz ?

TUYAU.

Vous croyez-vous donc chez les Iroquois ? Arsène , chantez un peu à monsieur, mon fameux mottet.

DARCY.

Merci , je ne suis pas assez connaisseur , (*à Labarre*) monsieur, je compte sur votre complaisance... (*à Arsène.*)

Air : Nous réussirous je l'espère (Père Tuilututu).

Il me faut partir au plus vite.
Donne-moi la main , bel enfant,
Envers toi je ne suis pas quitte,
Car mon cœur est reconnaissant.

ARSÈNE.

Adieu donc : faites bon voyage,
Et surtout ne m'oubliez pas ,
Car bien plus loin que le village
Moi , je voudrais suivre vos pas.

TOUS.

Il lui faut partir au plus vite:
Mais j'aime à voir en ce moment,
Que ce monsieur là ne nous quitte
Qu'avec un cœur reconnaissant.

ARSÈNE , *à part.*

Il lui faut partir au plus vite
Mais il aime le pauvre enfant
Et je suis heureux qu'il me quitte
Avec un cœur reconnaissant.

SCÈNE VII.

NICOLAS TUYAU. LABARRE.

LABARRE, *d'un air empressé.*

Dites-donc, M. Tuyau, voilà une chose assez singulière et dont il faut que je vous instruise.

TUYAU, *toujours important.*

Vous y êtes autorisé.

LABARRE.

Vous êtes ancien dans le pays...

TUYAU.

Hélas ! il est trop vrai... une population de terre cuite... je croupis dans le séjour des cruches et des cruchons.

LABARRE.

Vous n'y êtes pas mal... mais, revenons...

TUYAU.

A nos moutons... je suis à vous.

LABARRE.

Il faut vous dire que le jeune homme que vous venez de voir tout à l'heure, cherche une fille égarée.

TUYAU, *l'interrompant.*

L'article n'est point rare.

LABARRE.

Est-ce que vous ne connaîtriez pas dans la commune, quelque jeune personne dont les parents soient ignorés...

TUYAU.

J'en connais beaucoup dont les parents sont ignorants...

LABARRE.

C'est quelqu'enfant de l'amour, vous pourriez savoir...

TUYAU.

Je ne sais rien, mon cher, rien de ce qui choque les mœurs !.. Je suis instituteur Bachelier-ès-lettres, homme moral par état, et célibataire par économie... Les enfants de l'amour ne me regardent guère...

LABARRE.

Mais c'est une jeune fille...

TUYAU.

Les jeunes filles ne me regardent pas. Que diable venez-vous me demander ? J'ai autre chose dans la tête, il faut que j'aille m'occuper des détails musicaux exigés par le concert de M. le Maire. (*Il rentre chez lui*).

SCÈNE VIII.

LABARRE. ARSÈNE.

ARSÈNE *au fond, agitant son mouchoir.*

Adieu !.. adieu ! je ne le vois plus !

LABARRE.

A qui en as-tu donc ?

ARSÈNE.

A mon nouvel ami... il m'a dit qu'il était négociant, que si je n'avais pas été enfant de chœur, il aurait pu m'emmener avec lui... me faire voir le monde... me faire faire mon chemin, que sais-je ?..

LABARRE

Il a raison, ce jeune homme, tu t'ennuies là-dedans !.. Allons, morbleu, jette-moi le froc aux

orties... laisse-là M. Tuyau, et prends des leçons du père Labarre, le vieux troupier. Je t'apprendrai à boire, à fumer, à jurer... à faire l'exercice, a monter à cheval... tu deviendras un luron fini, un bon militaire, tu feras ton chemin et tu épouseras ma nièce Nicole, qui te trouve bien gentil... Est-ce que tu ne la trouves pas de ton goût ?

ARSÈNE, *d'un ton indifférent.*

Ah ! si... je la trouve bien gentille !

LABARRE.

Comme tu dis-ça ! Est-ce que la vue d'un joli minois ne te réveille pas encore ? A ton âge, morbleu, j'avais déjà eu trois maîtresses dont deux étaient mortes d'amour pour moi. C'est ça qui est flatteur !..

ARSÈNE.

Tenez, père Labarre, ces idées-là ne me viennent pas près de Nicole. Cependant, quand je suis seul et que je réfléchis... il se passe dans ma tête une foule de choses que je ne peux pas expliquer.

Air : Ce que j'éprouve en vous voyant.

Je ne sais quoi
Se passe en moi
Par fois je rêve, je soupire,
Je ne peux plus jouer, ni rire,
Et je sens un certain émoi.
C'est un plaisir mêlé d'effroi.
Oui, j'entends une voix secrète
Qui semble me dicter la loi
De changer aujourd'hui d'emploi :
Et qui, dans le cœur me répète
(*hésitant.*) Je ne sais quoi. } *bis.*

LABARRE.

C'est très-clair, tout ça veut dire : je meurs d'envie d'être soldat. Il y a long-temps que nous n'avons pris notre leçon d'exercice... allons... le fusil qui est derrière ma porte.

ARSÈNE.

Oui, mon officier. (*Il y va*).

LABARRE.

Il est gentil cet enfant... il ne faut pas laisser cela dans la classe de M. Nicolas Tuyau.

ARSÈNE, *paraît sur la porte l'arme au bras.*

Me voilà, mon capitaine.

LABARRE.

Bien... Garde à vous... par file à gauche en avant marche... pan plan... plan... (*Arsène marche à lui.*) Halte-front, portez armes.—« le bras » très-peu ployé, le coude en arrière, et joint au » corps sans le serrer, la paume de la main contre » le plat extérieur de la crosse, son tranchant » extérieur dans la première articulation des » doigts. »

ARSÈNE, *continuant sur le même ton.*

« Le talon de la crosse entre le premier et le » second doigt, le pouce sur la vis, les deux » derniers doigts sur la crosse, le bras droit pendant naturellement. »

LABARRE.

Bravo conscrit.—Présentez armes : un temps et deux mouvements. — Portez armes. — bien. — Reposez armes. — Garde à vous. — Peloton. — Chargez armes.—Charge à volonté.—Superbe !.—Joue, feu !..

ARSÈNE *exécute, le fusil part.*

Ha ! il était chargé !

SCÈNE IX.

LES MÊMES, Mlle BARBE.

BARBE, *entrant toute effrayée.*
Qu'est-ce que j'ai entendu?... Ah! mon Dieu! Arsène un fusil dans les mains... c'est lui qui a tiré...

ARSÈNE, *joyeux.*
Oui, mère Barbe... c'est moi, à présent je pourrai aller à la chasse... je vous tuerai...

BARBE, *effrayé.*
Hein!

ARSÈNE.
Je vous tuerai des pierrots... c'est vrai, s'il en était passé un devant mon fusil, il aurait pu être tué.

BARBE.
Ah! le petit malheureux!.. Voulez-vous laisser cet enfant tranquille, vous m'en ferez un vaurien comme vous!

LABARRE.
Je veux en faire un homme.

BARBE.
Ah bien! par exemple, voilà une jolie idée que vous avez là...

LABARRE.
Tiens, tiens, Arsène, montre-lui comme tu fumes ton cigarre. (*Il en tire deux de son porte-cigarre et les allume avec une allumette chimique.*)

BARBE.
Lui donner cette horrible habitude!

Air : Vaud. de l'Artiste.

Ah! j'en suis gendarmée,
D'un homm', matin et soir,
Vous voyez la fumée
Avant que de le voir.
On est empoisonnée...
Chaque homm', c'est une horreur!..
R'ssemble à la cheminée
Des bateaux à vapeur.

Viens, mon enfant, je vais te donner une tartine de confitures.

LABARRE.
Viens, mon garçon, je vais te faire boire une goutte de vieux Cognac. (*Il tire de sa poche une fiole d'osier.*)

BARBE.
Boire de l'eau-de-vie, il ne manquerait plus que ça pour l'achever!.. Mais, Dieu me pardonne, il a pris un cigare, il fume!.. Tu fumes, malheureux enfant!..

ARSÈNE.
Et sans tousser, encore!

LABARRE.
C'est bon pour la pituite... voulez-vous en essayer, Mlle Barbe?

BARBE.
Vous êtes un scélérat!.. et toi, Arsène, un petit bandit!.. Quand je t'ai mis chez M. Tuyau, dans un bercail, faut-il qu'un loup ravisseur vienne me détourner ma pauvre brebis. (*Elle pleure.*)

ARSÈNE, *jetant son cigare et courant à elle.*
Eh bien!.. eh bien! vous pleurez, ma tante... Là, là, consolez-vous, je vous aime... pardonnez-moi, embrassez moi.

BARBE, *essuyant ses yeux.*
A la bonne heure!.. Pouah! tu sens le tabac... mais c'est égal, promets-moi de ne plus aller avec lui, de te conduire comme une jeune fille modeste et sage.

LABARRE, *riant.*
Ha! ha! ha! comme une jeune fille!..

BARBE, *impatientée.*
Je ne sais ce que je dis...

SCÈNE X.

LES MÊMES, CLOUD.

CLOUD, *accourant et criant.*
Au secours! au secours!.. accourez!..

BARBE.
Ah! mon Dieu, qu'il m'a fait peur!..

LABARRE.
Qu'est-ce qu'il a donc, celui-là?

CLOUD.
Vous allez rire... Dieu! sont-ils cocasses!

LABARRE.
Nous allons rire... et tu cries au secours.

CLOUD.
Oui, parce que tant de tués que de morts, il n'y a personne de blessés; mais, si vous aviez vu une carriole... une charrette qui a dégringolé, au tournant du chemin; il en est tombé des arbres, des maisons, des malles, des instruments... tout ça est pêle-mêle avec des hommes, des dames, derrière la porte de la cour de M. Tuyau. (*On entend des cris dans la coulisse.*)

SCÈNE XI.

LES MÊMES, TUYAU ET LES ENFANTS DE CHOEUR, LES COMÉDIENS *déposant à terre leur bagage et une grande malle.*

CHOEUR.

Air : Ah! c'est abominable. (Belles femmes de Paris).

Jamais, jamais on n'a trouvé
Un chemin si mal pavé.
Dans un trou notre char tombé
Est embourbé!
La troupe marchait fière;
Elle trouve une ornière,
Voilà que le talent... soudain
Reste en chemin.

TUYAU.
Pourriez-vous m'expliquer ce charivari?

DORGEVAL, *d'un ton haut.*
Parbleu! Monsieur, il y a de quoi... vos chemins sont affreux, vos ornières ignobles, et j'y ai versé indignement avec mes effets et mes décorations.

TUYAU.
Oh! oh! c'est un homme décoré!.. Monsieur le chevalier, je vous fais mes excuses, pour notre route départementale.

LABARRE.
Elle est en pleine réparation.

DORGEVAL.
Parbleu! je m'en suis aperçu... Mais où est donc Mlle de Folleville? est-ce qu'elle est restée mêlée avec les paquets?

Mlle FOLLEVILLE, *arrivant.*

Me voici... froissée... chiffonnée...

DORGEVAL.

Mais non, ma bonne, tu n'es pas trop déchirée !..

Mlle FOLLEVILLE.

Un siége... une chaise... de l'eau de Cologne...

CLOUD.

Nous avons de l'eau de Seltz...

ARSÈNE, *courant à elle.*

Prenez mon bras, Madame.

Mlle FOLLEVILLE.

Merci, Mademoiselle !

ARSÈNE, *piqué.*

Je suis un jeune homme, Madame.

Mlle FOLLEVILLE.

Merci, jeune homme. (*Elle s'assied.*) J'ai bien envie de me trouver mal !..

TUYAU.

A qui avons-nous l'honneur d'offrir l'hospitalité ?

DORGEVAL.

Monsieur, vous voyez en moi le premier sujet du grand théâtre de Colmar, je suis le célèbre Dorgeval dont vous connaissez la réputation !..

TUYAU.

Ah ! certainement. (*A part.*) Jamais de la vie... parfaitement inconnu...

DORGEVAL.

Directeur d'une troupe, en société, pour l'exploitation du grand Opéra et de l'Opéra-Comique français... qui se rendait à Bade, lorsqu'elle a versé dans votre chien de pays...

TUYAU.

Quel bonheur !

DORGEVAL.

Comment, quel bonheur !..

TUYAU.

Des chanteurs, des musiciens, soyez les bien venus : ah ! que vous êtes bien tombés !..

DORGEVAL.

Le mot est bien, puisque nous ne sommes pas blessés... mais...

TUYAU.

Si j'ai quelque regret, c'est que vous ne soyez pas en compotte, car j'aurais été heureux de vous faire voir comment j'accueille le malheur et le talent, les arts et les muses, la beauté et les grâces.

Mlle FOLLEVILLE.

A la bonne heure !..

TOUS LES COMÉDIENS.

Ah ! très bien, très bien, Monsieur.

TUYAU.

Je crois m'exprimer avec quelque distinction, n'en soyez point surpris, vous voyez en moi un confrère.

DORGEVAL.

Vous êtes de la boutique ?

Mlle FOLLEVILLE.

Vous seriez de la manicle ?

LES AUTRES.

Un comédien ?

TUYAU.

Tant d'honneur ne m'appartient pas... Je suis, si vous voulez, un petit Mozart, un simple Beethoven, une espèce de Spontini, un soupçon d'Auber, une esquisse de Meyerbeer, en un mot compositeur maestro, et tout simplement le Rossini du Bas-Rhin. (*Tous les comédiens le saluent en*

riant.) Vous voyez que nous pouvons nous entendre. (*Il leur prend les mains.*) Bonjour, mes enfants, vous ne pouviez pas mieux rencontrer pour vous consoler dans votre chûte : nous ferons de la musique, nous chanterons les *Voitures versées !!!* (*Il rit.*)

Mlle FOLLEVILLE.

Cet homme est assez bouffon.

DORGEVAL.

Homme philanthrope ! indiquez-nous un charron ; c'est le plus urgent, car nous sommes pressés.

TUYAU.

Un charron ?.. certainement !.. et le meilleur de la ville... il n'y en a qu'un...

LABARRE.

Ce garçon va y aller... Voyons, Cloud... Tu dira que c'est de ma part.

DORGEVAL.

On paiera tout ce qu'il faudra... n'est-ce pas, monsieur ?.. Dites cela de la part de monsieur.

CLOUD.

Soyez paisible, vous avez affaire à un gaillard qui n'a pas la langue dans ses bas. (*Il sort.*)

TUYAU.

En attendant, si une collation pouvait vous être agréable ?

Mlle FOLLEVILLE.

Comment donc ?.. une collation est toujours agréable.

DORGEVAL *riant.*

Quand il ne s'agit pas de la collation des rôles... hé !.. hé !.. hé !..

Mlle FOLLEVILLE.

Cela nous fera oublier nos malheurs ; car vous voyez les artistes les plus désappointés, les plus dégommés... Comment viendrons-nous à bout de faire nos débuts ?..

DORGEVAL.

Toutes les infirmités nous assassinent à la fois., Croiriez-vous, monsieur, qu'hier en passant à Strasbourg, notre Dugazon nous a été ravie... Elle est partie incognito avec un officier de dragons, qui lui a promis de la faire débuter à Carpentras. Vous n'auriez pas par hazard dans votre ville une Dugazon de rencontre, puisque vous êtes musicien... compositeur ?..

TUYAU.

Je n'en tiens pas ! J'ai bien un conservatoire en miniature... mais je n'y fais chanter que ces petits sopranos, vulgairement dénommés enfants de chœur.

Mlle FOLLEVILLE *regardant Arsène.*

Ah ! que celui-là est joli !.. regarde donc, Dorgeval, qu'il serait gracieux dans un Colin.

DORGEVAL *à mi-voix.*

Tu vas te monter la tête.

Mlle FOLLEVILLE.

Oui, mon petit ami, je voudrais vous voir en pantalon blanc et en veste rose... Mais qu'il est donc gentil !.. Voulez-vous m'embrasser, mon petit chou ?

ARSÈNE, *honteux.*

Oh ! madame...

TUYAU, *le poussant.*

Ne fais donc pas le nigaud ! Si madame m'adressait une pareille provocation !..

Mlle. FOLLEVILLE, *le repoussant.*

Allez donc, père noble... venez, mon petit ange.

BARBE, *le retenant.*

Arsène, restez près de moi, fuyez ces commis-voyageurs du démon.

TUYAU.

Barbe, respectez des chanteurs, et allez promptement faire une omelette au lard et un plat de chou-croûte... une collation légère...

BARBE.

Hein! c'est agréable, comme si je n'avais pas assez de besogne!.. Ne veut-ils pas coucher aussi?

DORGEVAL.

Si nous ne pouvons pas partir et si vous avez de bons lits.

Mlle. FOLLEVILLE, *étourdiment.*

Vous bassinerez le mien.

BARBE.

Avec du sucre, n'est-ce pas? *(elle sort).*

TUYAU.

Laissez bougonner cette femme atrabilaire *(Il fait un geste impérieux à Barbe qui sort en gesticulant). En attendant le dîner, je vous ferai entendre quelques morceaux de mon opéra.*

Mlle FOLLEVILLE *à Arsène.*

Mon petit ami, est-ce que vous ne venez pas avec nous?

ARSÈNE.

Merci, madame, je n'ai pas le temps!..

Mlle FOLLEVILLE.

Il est d'une mutinerie charmante... j'aime assez qu'on me résiste...

TUYAU.

Arsène, songez à votre grand air de l'*Ambassadrice!*

Mlle FOLLEVILLE.

L'*Ambassadrice*, lui!

ARSÈNE, *avec humeur.*

C'est bon... je vais le repasser.

TUYAU.

Sans cela je vous repasserais autre chose, moi!

Mlle FOLLEVILLE *riant.*

Vraiment?.. est-ce que de temps en temps! hein! l'ancienne méthode?

ARSÈNE *révolté.*

Oh! jamais!

TUYAU.

Si mon concert de ce soir manquait, je crois que je me porterais à cette extrémité.

ARSÈNE *piqué et fièrement.*

Par exemple, je voudrais bien voir ça!

Mlle FOLLEVILLE *rient.*

Pauvre petit! l'*Ambassadrice!..* je serais curieuse de l'entendre... *(à part).* Je ne le perdrai pas de vue...

DORGEVAL.

Air: C'est notre ami Blondel (Rich.-Cœur-de-Lion).

Allons, allons déjeuner,
Allons, allons déjeuner,
Ça servira de dîner,
Oui de dîner.

TOUS.

Allons, allons déjeuner, etc.

Mlle FOLLEVILLE sort la dernière, en [illegible] pensive [illegible] et regarde [illegible].

Mon cœur soupire
La nuit, le jour,
Qui peut me dire...

Ils vont manger l'omelette sans moi... je reviendrai.

SCÈNE II.

ARSÈNE *seul.*

Par exemple! me menacer! c'est la première fois... M. Tuyau a bien mal choisi son temps... jamais je ne me suis trouvé plus ennuyé de la vie que je mène... de l'école... de tout enfin... Oh! je voudrais m'en aller d'ici... voir des villes... du monde... des sociétés brillantes... des jeunes gens bien habillés... comme mon jeune ami. Il paraît qu'il y a des gens qui font fortune en chantant... tâchons d'avoir du succès ce soir... *(Il tire un papier de musique de la poche.)*

Air: de l'Ambassadrice.

RÉCITATIF.

« Dieu que viens-je de lire... en croirais-je mes yeux...
« A moi, moi pauvre artiste un sort si glorieux.

CANTABILE.

« Jusqu'à lui son amour m'élève
« Au premier rang je vais briller...
« C'est un prestige, c'est un rêve...
« Je crains encor de m'éveiller.
« Mais non, voici ces mots tracés par sa tendresse,
« Être sa femme, être duchesse,
« Duchesse, une prima donna!
« Quel triomphe pour l'opéra!
« Jusqu'à lui son amour m'élève,
» Au premier rang je vais briller,
« Ah! si mon bonheur n'est qu'un rêve,
« Amour, amour ne viens pas m'éveiller. »

Pendant qu'Arsène chante, Mlle Folleville entr'ouvre la porte de la maison et l'écoute avec intérêt.

SCÈNE XIII.

ARSÈNE, Mlle FOLLEVILLE.

Mlle FOLLEVILLE *s'avançant avec enthousiasme.*

Bravo, bravo, jeune homme. Ravissant, renversant, mirobolant!..

ARSÈNE, *joyeux.*

Vous trouvez, madame?

Mlle FOLLEVILLE.

De la méthode, du goût... d'honneur, je ne [illegible] des premiers...

ARSÈNE.

Oh... M. Tuyau est un bon maître!

Mlle FOLLEVILLE.

[illegible] argentin, du gosier et des yeux!.. mon enfant si vous voulez, votre fortune est faite.

ARSÈNE.

Ma fortune?

Mlle FOLLEVILLE.

[illegible] votre bonheur... je me charge de l'un et de l'autre.

ARSÈNE.

Expliquez-vous, madame.

Mlle FOLLEVILLE reprenant le motif précédent.

Jusqu'à moi, mon amour t'élève
Au premier rang tu vas briller,
Va, ton bonheur n'est pas un rêve...
L'amour, l'amour viendra te réveiller.

ARSÈNE.

C'est un prestige ; c'est un rêve,
Je crains encor de m'éveiller.

Mlle FOLLEVILLE.

Vous n'avez jamais joué la comédie ?

ARSÈNE, regardant autour de lui.

Chut ! en grand secret, je vous dirai que si,
Madame !.. Mais, vous concevez, notre maître...
il perdrait sa place si on le savait... souvent, en
cachette, il nous fait jouer des petites scènes
d'Opéra-Comique...

Mlle FOLLEVILLE.

Vraiment? eh bien! entrez dans notre troupe
d'opéra... je me charge de votre éducation théâ-
trale... je vous ferai répéter vos rôles d'amoureux... avec les traditions.

ARSÈNE.

Oh ! que j'en ai envie.

DORGEVAL, dans la coulisse, il chante.

Qu'on est heureux de trouver en voyage...

Mlle FOLLEVILLE.

Justement, j'aperçois notre directeur.

SCÈNE XIV.

LES MÊMES, DORGEVAL, sortant de chez Tuyau.

DORGEVAL, chantant.

Qu'on est heureux de trouver en voyage...
Je regrette qu'on ait trouvé un charron... Le vin
de cet homme est meilleur que sa musique... c'est
plus coulant !.. Folleville, tu as perdu !

Mlle FOLLEVILLE.

J'ai fait au contraire une trouvaille... une voix
ravissante... un colin que je viens d'embaucher
pour notre troupe... (Elle montre Arsène.)

DORGEVAL, riant et le montrant au doigt.

Lui !

Mlle FOLLEVILLE.

Lui !.. si tu l'avais entendu chanter l'air de l'ambassadrice... tu en serais folle... comme moi.

DORGEVAL.

Qu'est-ce que tu dis?.. mais nous sommes sau-
vés, alors... ce n'est pas dans un colin qu'il faut
le faire débuter : une figure charmante, point de
barbe au menton... voilà notre Dugazon retrouvée..
à l'italienne, ma chère, à l'italienne...

Mlle FOLLEVILLE.

Tu as raison, il sera charmant en femme.

DORGEVAL, riant.

Je crois que les enfans de chœur font la révérence.

ARSÈNE,

Mais oui, comme cela. (Il fait la révérence.)

Mlle FOLLEVILLE.

Petit chérubin, va !.. il sera à croquer dans le
page de Figaro ; je veux jouer la comtesse avec lui.

DORGEVAL, à mi-voix.

Modérons notre enthousiasme... Mon cher jeune
homme, d'après le rapport de Madame, sur vos
dispositions, dès ce moment vous êtes à nous.
Des succès, de l'honneur... du plaisir... des bra-
vos... je vous en accorde... vous en aurez, trois
quarts de part.

ARSÈNE.

Oh ! que c'est tentant !

DORGEVAL.

Aussitôt arrivé, vous signerez un petit engagement, et si vous voulez des avances... (Tirant
une pièce de vingt francs.) Vingt francs d'avance...
hein ?..

ARSÈNE, naïvement.

Vingt francs ? je n'ai jamais vu tant d'argent...

DORGEVAL, à part.

L'or fascine ses yeux ! (Haut.) Oui, mon ami,
vingt francs d'avance, c'est beaucoup, j'espère ?..
eh bien ! vous les aurez après... (Il les rempoche.)

Mlle FOLLEVILLE.

Mais comment l'emmener sans qu'on le voie ?

DORGEVAL.

Attends donc... dans le panier aux accessoires...
non... dans la grande malle aux costumes.

ARSÈNE.

Oui... oui..

Mlle FOLLEVILLE, le mettant dans la malle.

Vite, vite, voilà votre Maëstro...

SCÈNE XV.

LES MÊMES, ARSÈNE dans la malle, TUYAU,
sur le seuil de la porte.

TUYAU.

Que faites-vous donc dehors, mes aimables
hôtes ?..

DORGEVAL.

Nous prenions l'air pour digérer votre excellente
omelette.

Mlle FOLLEVILLE.

Et nous célébrions votre charmante hospitalité.

TUYAU.

Pour la rendre plus agréable, j'aurais voulu vous
faire entendre une fugue.

DORGEVAL.

Notre berline est prête : nous partons.

TUYAU.

Oh ! méchant que vous êtes! Déjà?

DORGEVAL.

Vous viendrez nous voir à Bade... nous enten-
drions votre opéra.

TUYAU, transporté.

Vrai?.. oh ! artiste, donnez-moi une poignée
de main.

DORGEVAL.

Volontiers, à condition que vous allez nous donner un petit coup de main aussi, pour charger notre
voiture.

(Les comédiens arrivent. On voit l'espèce de
fourgon qui paraît en partie au bord de la coulisse, et tout le monde chargeant le bagage.
Tuyau aide à porter la malle qui contient Arsène).

Air : des Puritains (finale du 2e acte des Saltimbanques).

TOUS.

Mettons-nous en voyage ,

Cher Maéstro, dans ce bagage,
Nous emportons le gage
De nos succès
Dans l'opéra français !

TUYAU.

Prenez tout votre bien,
Ici ne laissez rien.

DORGEVAL.

Vous garderez, je pense,
Notre reconnaissance.

Mlle FOLLEVILLE.

Et surtout, de ma part,
Ne crois pas qu'au départ,
J'oublie, homme de l'art,
Ton omelette au lard !

TOUS.

Mettons-nous en voyage, etc.

SCÈNE XVI.

TUYAU, LABARRE, DARCY, *accourant de l'autre côté.*

DARCY, *vivement.*

Justement le voici.

LABARRE.

Ah ! eh ! M. Tuyau... écoutez-moi...

TUYAU, *sans faire attention à eux et reconduisant les comédiens.*

Adieu, grands artistes... bon voyage...
« Mon cœur vous suit en croupe et galope avec vous. »

DARCY, *l'appelant.*

Monsieur, Monsieur ?

LABARRE, *le ramenant.*

Venez donc, nous vous rencontrons à propos...

TUYAU, *voulant encore aller.*

A propos de quoi... adieu... grands...

LABARRE.

Laissez-les donc, et prêtez-moi votre attention.
Nous venons de la mairie, Monsieur et moi.

TUYAU.

Pour chercher des billets de concert ? Je vous en
aurais donné, mon cher.

DARCY.

Ah ça ! Monsieur, voulez-vous nous écouter et
nous laisser parler.

TUYAU, *se carrant.*

Je ne vous en empêche sous aucun prétexte.

LABARRE.

Nous venons de la mairie où nous avons com-
pulsé les registres des naissances...

TUYAU.

C'est plus gai que celui des morts.

DARCY.

Taisez-vous donc !

TUYAU.

Ha !.. il y a celui des mariages qui est divertis-
sant.

LABARRE.

Père Tuyau... si vous m'interrompez encore, je
vous appelle en duel !

TUYAU.

Parlez, vieux guerrier...

LABARRE.

D'après les renseignements dont Monsieur était
porteur, il y a dix-sept ans que deux naissances
eurent lieu dans cette commune, ce furent deux

jumeaux que l'on mit en nourrice. Ces deux jumeaux étaient un garçon et une fille.

TUYAU.

Ils étaient frère et sœur... ah ! naturellement.

DARCY.

Le père avait été forcé de quitter la France pour
des raisons qui ne vous regardent pas...

TUYAU.

Je ne veux pas les savoir.

DARCY.

La mère mourut, la nourrice seule fut chargée
des enfants... et cette nourrice, savez-vous qui
c'était ?..

LABARRE.

Barbe Grinchard...

DARCY.

Votre gouvernante !..

TUYAU.

Bah !.. mademoiselle Barbe !.. nourrice... elle
m'aurait trompé sur ses antécédents.

DARCY.

Et nous voulons savoir ce qu'elle a fait de ces
deux enfants.

LABARRE.

Il est probable que le prétendu neveu qu'elle a
placé chez vous en est un.

DARCY.

Mais, qu'a-t-elle fait de l'autre ? Il faut, Monsieur, faire parler votre gouvernante.

TUYAU.

Ce qui ne présente aucune difficulté, je ne peux
jamais la faire taire !

DARCY.

Cette affaire m'intéresse particulièrement. Monsieur Préval, père de ces enfants, qui réside à la
Martinique, a été mon bienfaiteur, mon ami ; je
lui dois ma fortune, et je viens en France chercher
sa fille, pour la conduire près de lui et l'épouser.

SCÈNE XVII.

LES MÊMES, BARBE.

BARBE, *accourant.*

Ah ! M. Tuyau ! M. Tuyau !.. au voleur, au voleur !..

TOUS.

Comment, au voleur ?

BARBE.

Ils l'ont enlevé... emporté.,.

TOUS.

Qui ?

BARBE.

Arsène, mon enfant, votre élève... Cloud l'a vu.

TOUS.

Comment ?.. qui ?..

BARBE.

Ces maudits comédiens !

TUYAU.

Et mon concert ! ils m'enlèvent mon premier
chanteur ! (*Il court dans sa maison*).

LABARRE.

Un rapt !.. je vais envoyer les gendarmes...

DARCY.

Ils auront gagné la frontière avant qu'on ne les
atteigne !.. En attendant, Madame, il nous faut

des renseignements positifs. Nous saurons bien ressaisir votre jeune enfant; mais, qu'avez-vous fait de l'autre?

BARBE, *saisie.*

Comment, Monsieur, vous savez?..

DARCY.

Que deux jumeaux vous furent confiés.

LABARRE.

L'état civil le constate.

BARBE.

On connaît cette aventure que j'ai toujours cachée?.. je l'avais juré à la pauvre fille de mes anciens maîtres.

DARCY.

Parlez!.. ces enfans...

BARBE.

Hélas! Monsieur, l'un des deux est mort à l'âge de six mois...

LABARRE.

C'était?..

BARBE, *sans l'écouter.*

J'ai concentré toute ma tendresse sur celui qui restait. M. Tuyau peut dire si j'ai eu soin d'Arsène qui ne m'a pas quittée.

LABARRE, *à Darcy, à mi-voix.*

C'est la jeune fille qui est morte, adieu votre projet de mariage.

DARCY.

Si la fille de M. Préval avait existé, je lui apportais une fortune et un mari.

BARBE.

Quoi!.. et ce mari?..

DARCY.

Ce devait être moi...

BARBE.

Ah! mon Dieu! (*à Darcy.*) Eh bien! Monsieur, courez, poursuivez-les, Arsène est une fille!..

DARCY.

Est-il possible! gardez encore ce secret... Mon cheval! mon cheval! je cours à Bade! Je saurai bien la retrouver!

TUYAU, *sortant de la maison.*

Vous l'avez retrouvée!!..

DARCY.

Ah! non, Monsieur!.. (*Labarre et lui sortent.*)

UN GENDARME.

M. Tuyau, de la part de M. le maire, toute la société z'est réunie, et l'on vous attend pour le concert z'à l'instant.

TUYAU.

Le concert!.. ah je suis perdu! gendarme, passez-moi votre sabre à travers du corps! (*Il tombe dans les bras de Barbe*).

Le Rideau baisse.

ACTE II.

Le Théâtre représente le foyer du théâtre, à droite avec une table, une psyché.

SCÈNE I.

CLOUD.

Ouf!.. me voici, je crois, dans ce qu'on appelle le foyer de la comédie... Arrivé à Bade, moitié à pied... moitié à âne... car M. Tuyau partageait avec moi cette monture ridicule qui me faisait culbuter six fois toutes les cinq minutes... aussi, j'ai mieux aimé courir avec mes pauvres jambes, et j'ai été plus vite qu'eux, qui en ont six à eux deux... il s'agit de se glisser parmi les farceurs qui nous ont escroqué notre pauvre Arsène; ils veulent en faire un chanteur... pourquoi que je ne le serais pas aussi?.. je pourrais jouer les jeunes premiers... j'ai tout ce qu'il faut pour cela... je suis jeune... j'arrive le premier... et quand j'aurai du blanc, du bleu, du jaune et une perruque noire, on ne me reconnaîtra pas.

SCÈNE II.

CLOUD, LES COMÉDIENS.

CHŒUR.

Air : Allons mes filles (Loïsa Puget).

Allons artistes,
Garçons lampistes,
Et machinistes,
Accourez tous.

Quelle aventure!
Cette ouverture,
Je vous le jure,
Nous rendra fous.

Mlle FOLLEVILLE, *arrivant en désordre.*

Quelle horreur!.. se voir affichée avant d'être arrivée... ça n'a pas d'exemple... ça ne s'est jamais fait... Ah! ça, mais les artistes sont donc des manœuvres?.. des cordonniers?.. je me révolte!

DORGEVAL.

Quand tu crieras, ça ne te servira qu'à t'enrouer... conserve tes moyens, ma bonne, et ne perdons pas la tête.

Mlle FOLLEVILLE, *se calmant tout d'un coup.*

Parole d'honneur, je ne sais pas comment je ferai pour chanter. (*Elle essaye sa voix.*) Ha!..

DORGEVAL.

Bah! bah! ça n'ira pas mieux demain... voyons, personne pour nous recevoir, pour nous aider.

CLOUD.

Artistes, je suis à votre service... disposez de mon individu...

DORGEVAL.

Tiens! c'est vous, beau jeune homme de Seltz.

CLOUD.

Oui, je suis sorti de l'eau, je vous demande la grâce de m'engager. (*Il se démène.*)

Mlle FOLLEVILLE.

Il a l'air intelligent.

CLOUD.

Vous êtes physionomisse, belle dame !.. parlez à ce Monsieur... interceptez pour moi !..

Mlle FOLLEVILLE.

Mais oui, ce petit dadais... il m'intéresse, Dorgeval.

DORGEVAL.

Tu seras donc toujours sensible ?.. puisqu'il a des dispositions, il tiendra l'emploi de garçon de théâtre.

CLOUD.

Justement, je suis garçon...

DORGEVAL, *allant et venant.*

Sans appointements !

CLOUD.

Je ne vous demande rien... mais ne me proposez pas de diminution, je n'y consentirais pas.

DORGEVAL.

Aidez à ranger ces bagages.

CLOUD, *à part, allant et venant.*

Je ne vois pas Arsène... où l'ont-ils donc fourré ?..

Mlle FOLLEVILLE.

Mais, mon Dieu !.. et la malle... Fais donc monter la malle ! (*A mi-voix.*) Quelle barbarie de l'avoir enfermé de nouveau.

DORGEVAL, *à mi-voix.*

Il l'a bien fallu pour le faire passer à la douane ; son costume avait déjà fait faire des commentaires... mais, calme-toi, le voilà, le voilà !

SCÈNE III.

LES MÊMES, ARSÈNE.

ARSÈNE.

Oh ! la la ! j'étouffais là dedans !

Mlle FOLLEVILLE.

Pauvre enfant !.. (*Elle lui essuie le front.*) Il est en nage !

CLOUD.

Je n'aurais pas pu y tenir, moi ?

ARSÈNE, *sautant.*

Tiens !.. Cloud ici... te voilà ?

CLOUD.

Tu vois... artiste comme toi.

ARSÈNE.

Mon petit Cloud, as-tu vu mon nouvel ami, ce jeune homme si gentil ?.. donne-moi des nouvelles. Est-ce que l'on sait avec qui je m'en suis allé... j'espère bien que M. Tuyau ne s'en doute pas.

UN COMÉDIEN *arrivant.*

Dorgeval, il y a là-bas un homme monté sur un âne, et qui fait un train terrible.

CLOUD.

Un âne !.. C'est M. Tuyau !

TOUS.

Est-il possible ?..

ARSÈNE.

Comment faire ?..

DORGEVAL.

Je vais le recevoir... j'ai tenu les *Frontins*, dans l'ancien répertoire, et *les traîtres* de mélodrames dans les tragédies modernes, je le jouerai sous la jambe.

TUYAU, *criant au dehors.*

Concierge affreux !.. toi, me mettre à la porte !..

ARSÈNE, *effrayé.*

Cachez-moi !..

DORGEVAL.

Soustrayez l'enfant à sa vue.

CLOUD.

Soustrayez-moi aussi !

Mlle FOLLEVILLE.

Soustrayons-nous tous !.. Venez ! venez ! (*Ils sortent tous, excepté Dorgeval.*)

SCÈNE IV.

TUYAU, DORGEVAL.

(*Tuyau entre vivement, comme un homme furieux, jusqu'au milieu du théâtre ; là, il croise les bras, et regarde autour de lui d'un air tragique ; après un silence, il élève la voix et dit, d'un ton méprisant :*)

Vous voilà donc, baladins !.. voilà comme votre caste impie sait reconnaître l'hospitalité !..

DORGEVAL, *regardant autour de lui.*

A qui croyez-vous parler ?

TUYAU.

J'avais préparé mon discours pour tous tes pareils... quoique tu sois seul, je n'y changerai rien... ça me gênerait, et je continue. Vous vous prétendez des artistes, vous ! Quand je vous ai accueillis sous mon toit, quand je vous ai offert un port, vous vous êtes conduits comme plusieurs autres !.. était-ce là le dessert que méritait mon excellent dîner ? Me subtiliser Arsène !.. mon bel Arsène !.. ne m'interrompez pas, ça me couperait le fil de mon discours. Mais cet élève, je le redemande !.. je le reveux !.. il me le refaut !..

DORGEVAL, *déclamant.*

Calme-toi, vieillard affligé !.. loin de nier notre forfait, nous aimons mieux en convenir, et l'excuser à tes yeux vénérables.

TUYAU.

Savez-vous de quoi vous êtes cause ?.. qu'un maire et plusieurs membres du conseil municipal... l'élite de la France... à qui j'avais promis une musique idéale, et des voix archangéliques !!.. ont entendu un horrible charivari, c'est-à-dire que je suis ruiné.

DORGEVAL.

Un Maëstro de votre mérite serait menacé de perdre sa place ?..

TUYAU.

Oui, intrigant !.. m'en donneras-tu une autre à présent ?..

DORGEVAL, *d'un ton superbe.*

Et pourquoi pas ?..

TUYAU, *très fort.*

Tu oses dire : Pourquoi pas ?..

DORGEVAL.

Je l'ose... car enfin, quel était votre sort ?..

TUYAU, *romantiquement.*

Modeste, comme mon grand mérite... je végétais, j'haricotais !

DORGEVAL.

Ingrat ! vous allez nous devoir, et votre indépendance, et vos brillants succès !.. au lieu de réclamer votre élève, laissez-le nous donc !.. restez avec lui, fixez-vous avec nous... et il jouera dans votre opéra... et nous monterons votre opéra, et tout Bade l'applaudira !

TUYAU.

L'ai-je bien entendu ?.. Quoi !.. tu deviendras ma patrie, tu entendrais ma musique, ô Bade !..

DORGEVAL.

Vous serez placé à l'orchestre avec votre serpent.

TUYAU.

Impossible !.. je l'ai laissé à Seltz...

DORGEVAL.

On en louera un autre... faut-il vous dire plus... vous serez chef de musique, conducteur de l'orchestre !..

TUYAU, *en délire.*

Je serais de là... je ferais les 4 coups !.. (*Il bat la mesure à 4 temps.*) O tu m'as subjugué, éloquent histrion, tu me ravis !.. comme tu as fait de mon élève !.. (*Il le presse dans ses bras.*)

DORGEVAL, *à part.*

Le Maëstro est complètement fasciné !.. (*Haut, vers le fond.*) Edouard, Alcindor, Floridor, Isidore !.. (*apercevant Darcy*) un étranger !..

TUYAU, *qui regarde au fond.*

Que vois-je ?.. tiens !.. je reconnais le jeune homme... il vient pour mon élève, sans doute.

DORGEVAL.

Voudrait-on nous en priver ?.. attention !.. je vous laisse avec lui, ne nous trahissez pas, nous jouerons votre partition.

DARCY *au fond.*

(*A part.*) Sa partition ! voilà le mot de l'énigme.

SCÈNE V.

DARCY, TUYAU.

TUYAU, *chantant.*

Le créateur qui fit la pomme,
Créa mille autres végétaux,
Et puis, après, il créa l'homme,
Pour compléter les animaux.
(*Renflant sa voix.*)

Là, je mettrais les cors qui iront en grossissant.

DARCY.

Vous chantez, malheureux organiste ?..

TUYAU.

J'ai ma liberté individuelle !..

DARCY.

Mais, vous n'avez pas la liberté de commettre une méchante action... abandonner, renier votre élève !..

TUYAU.

Je ne l'ai point abandonné, ce sont des propos...

DARCY.

Eh bien ! alors, vous l'avez livré, vendu à ceux qui vous l'avaient enlevé, et vous êtes leur dupe, parce qu'ils vous ont promis de jouer votre opéra.

TUYAU.

Dois-je priver mon siècle d'un chef d'œuvre ?.. car, c'en est un, et la trompette de la Renommée fera connaître le plus grand des tuyaux !.., alors, la gloire, l'argent...

DARCY, *vivement.*

Vous aimez donc l'argent ?..

TUYAU.

Il me semble que je l'aimerais si j'en avais...

DARCY.

Eh bien ! vous perdez l'occasion la plus belle d'en recevoir... vous renoncez à la brillante récompense que la famille d'Arsène m'avait chargé de vous remettre.

TUYAU, *surpris.*

Qu'est-ce que vous dites ?.. cet orphelin aurait une famille ?..

DARCY.

Fort riche !..

TUYAU.

Et vous m'auriez donné... combien ?.. mille francs ?.. mille écus ?..

DARCY.

Mille écus, si vous les aviez voulus.

TUYAU.

J'ai toujours voulu mille écus... je les ai voulus mille fois...

DARCY.

Eh bien ! ils sont à votre disposition... je ne les ai pas sur moi... mais, si vous voulez un à-compte...

TUYAU.

Une quinzaine de francs ?

DARCY.

Un billet de 500.

TUYAU.

J'accepte... ça me servira à louer un serpent, et, astucieux comme ce reptile, je soufflerai dedans, pendant que vous leur soufflerez notre enfant.

DARCY.

Bien, je préparerai tout ce qui sera nécessaire, et ce soir, pendant le trouble et les embarras du spectacle... nous partirons avec Arsène.

TUYAU *avec enthousiasme.*

Oui, nous leur enlèverons Arsène... des intrigans pareils !.. qui viennent priver une famille infortunée, parce qu'elle est riche... de son unique enfant !.. Mais, êtres immoraux, vous n'avez donc point d'âme ?.. point d'entrailles ? point de foie ?.. vous n'êtes point touchés par les larmes d'une malheureuse mère ?.. Pauvre femme, va !.. (*Il s'essuie les yeux.*)

DARCY, *écoutant.*

Silence !.. je crois que je l'entends !

TUYAU, *se retournant vivement.*

La malheureuse mère ?..

DARCY.

Non... Arsène...

TUYAU.

Ah çà dites-moi le nom de sa famille... un seigneur espagnol, un marchand de cirage anglais ?

DARCY.

Non, non, partez de grâce !

TUYAU.

Quel mystère ! ça me rappelle un opéra de Mozart... les Mystères d'Isis... *Die sol re faut !*... (*Il sort*).

SCÈNE VI.

DARCY (*seul d'abord*), *ensuite* ARSÈNE.

DARCY.

Je l'entends... je vais lui parler... savoir si je puis remplir les intentions de son père... et si vraiment elle mérite l'intérêt qu'elle m'inspire... une jeune fille qui serait arrivée à quinze ans sans savoir... c'est vraiment incroyable... et si on me l'avait conté, je n'y aurais pas ajouté foi.

ARSÈNE *à la cantonnade.*

Laissez moi donc tranquille... je veux bien chanter, mais je ne veux pas m'habiller... a-t-on jamais vu... (*appercevant Darcy*) : Ah ! vous voilà donc ici, Monsieur, que je suis content de vous voir !..

DARCY *avec douceur.*

Petit étourdi... mauvaise tête... qu'est-ce qui a pu vous décider à quitter ainsi le pays où l'on vous avait élevé, la maison où chacun vous aimait?

ARSÈNE *hochant la tête.*

Où l'on m'aimait... pas tout le monde... la mère Barbe, oui... M. Labarre, à la bonne heure...

DARCY.

Et le brave M. Tuyau, votre professeur, est-ce qu'il vous haïssait ?

ARSÈNE.

Il ne me haïssait pas, mais il m'ennuyait beaucoup... et puis il s'était mis dans la tête de me punir.

DARCY.

Il voulait vous donner des *pensums.*

ARSÈNE.

Oh ! il voulait me donner bien autre chose...

DARCY.

Vous frapper ?

ARSÈNE *à mi-voix.*

Oui, mais en traître ! quand ma tante s'éloignait, j'avais des peurs, je n'aurais jamais pu me décider à recevoir le fouet, d'abord !..

DARCY *riant.*

Il paraît que vous n'y avez pas été élevé ?

ARSÈNE.

Jamais... d'abord, je ne l'ai mérité qu'une seule fois... un jour que j'avais menti !.. mais ma tante Barbe avait tant prié qu'elle me l'avait sauvé... elle n'aimait pas ça, disait-elle...

DARCY.

Oui, je conçois.

ARSÈNE.

Aussi elle m'emmenait toujours quand on le donnait aux autres..,

DARCY.

Pauvre femme !.. la menace de votre maitre, n'était pas une raison pour l'abandonner !.. au lieu de penser à suivre des comédiens, vous auriez pu vous établir, vous marier.

ARSÈNE *haussant les épaules.*

Ah ! oui, quelle est la femme qui aurait voulu de moi pour son mari ?

DARCY.

La femme ? ah ! le fait est que c'était difficile à trouver. Ainsi, vous n'avez jamais songé à l'amour, au mariage ?

ARSÈNE.

Je suis trop jeune... le père Labarre me disait bien : luron, je veux te faire épouser ma nièce

Nicole quand tu auras des moustaches.... mais ça n'en finissait pas, c'était trop long à venir.

DARCY *riant et presqu'à lui-même.*

C'était ajourner le mariage indéfiniment...

ARSÈNE.

Travaille bien, disait-il, et aussitôt que tu auras cinq pieds six pouces tu feras un beau grenadier.

DARCY.

Oh ! vous ne serez jamais un bel homme !

ARSÈNE.

Bah ! vous croyez ?..

DARCY.

Vous n'avez rien de mâle... au contraire (*le détaillant*), de petits pieds, une jolie main... une taille élégante... une physionomie douce...

ARSÈNE.

Vous trouvez ?..

DARCY.

Oui, vous pourriez faire une petite femme assez gentille...

ARSÈNE *riant.*

Allons donc...

DARCY.

Je suis connaisseur, vous pouvez vous en rapporter à moi...

ARSÈNE.

Eh ! bien voyez comme on a de drôles d'idées!..

Air : *J'en guette un petit de mon âge.*

Cette nuit, j'ai crû dans un songe,
Qu'ainsi le sort me métamorphosait,
Je m'amusais de ce joli mensonge,
J'étais coquette, et mon minois plaisait.
Chacun alors me parlait de sa flamme,
On m'adressait les propos les plus doux,
Puis je voyais un homme à mes genoux,
(*soupirant*)
Et j'étais heureux d'être femme.

DARCY.

Eh ! bien, mais qui sait ?.. ce bonheur-là, il ne tient peut-être qu'à vous de l'avoir en réalité.

ARSÈNE *étonné.*

Comment ?

DARCY *avec mystère.*

On a vu des changements plus extraordinaires que cela...

ARSÈNE.

Vraiment ?.. oh ! que ça serait gentil !.. j'en serais bien content, parceque celui que j'ai vu dans mon rêve...

DARCY.

Eh ! bien?..

ARSÈNE.

Eh ! bien... il pourrait être mon mari.

DARCY.

Ah ! oui, mais c'était donc une figure de connaissance ?..

ARSÈNE *avec retenue.*

Air : *Rom. de Masini. Crois-moi.*

Oh ! oui, cet être aimable,
Je le connais vraiment...
Son air est agréable,
Son langage est charmant !..

DARCY *vivement.*

Mais si vous étiez femme,
Quel serait cet époux ?

ARSÈNE.

Celui qui plaît à mon âme,
Dont je voudrais pouvoir être, entre nous,
La femme...
C'est vous !

DARCY *vivement.*

Vous m'aimeriez donc ?..

ARSÈNE.

Ah ! oui, beaucoup !.. mais à condition que
vous ne seriez pas un homme, par exemple !

DARCY *riant.*

Ah ! voilà qui devient embarrassant.

ARSÈNE.

Depuis le jour où j'ai eu le bonheur de vous
sauver la vie, comme vous disiez... j'ai pensé bien
des fois à vous... il me semblait dès-lors que
j'avais besoin d'un ami, je n'aimais plus ceux qui
m'entouraient... Quand vous m'avez embrassé
hier... ça m'a causé quelque chose que je n'avais
jamais éprouvé quand ma tante m'embrassait...
oui, je me suis senti tout autre ; enfin, quand j'ai
su que vous alliez partir... vous rendre à Bade...
eh bien ! je ne me possédais plus de l'envie d'y
venir aussi, pour vous y voir, pour vous y rejoin-
dre, et si je n'étais pas un homme... ou que vous
fussiez une femme... oh ! alors, il me semble que
je vous aimerais encore davantage... qu'en dites-
vous ? ça vous fait-il l'effet que je vous aime un
peu ?

DARCY, *à part.*

Quelle naïveté charmante !.. oh ! je l'adore,
quand ce ne serait que pour la nouveauté... (*Haut.*)
Eh bien ! mon enfant, vous avez déjà une grande
sympathie pour moi... c'est positif... c'est un très
bon commencement... et si vous voulez cultiver
ces dispositions-là , nous pourrons être très heu-
heureux un jour.

ARSÈNE.

Vrai ?.. oh ! tant mieux !.. que faut-il faire ?

DARCY.

M'aimer encore plus.

ARSÈNE, *baissant les yeux.*

Je ne sais pas comment je le pourrais...

DARCY.

En suivant tous mes conseils, toutes mes volon-
tés, comme doit le faire une jeune femme... et vous
le deviendriez peut-être bientôt.. Oui, mon amitié,
mon dévouement, mon amour pour vous, auront le
pouvoir de faire ce miracle...

ARSÈNE, *battant des mains.*

Comme dans les contes des fées !..

DARCY.

Vous en avez donc lu ?

ARSÈNE.

Oui , les contes de la mère l'oie que me prêtait
la mère Barbe, et il y a toujours des petites vieilles,
bossues, bancroches, qui se trouvent changées
quand elles aiment de beaux princes... oh ! que ça
serait gentil !

DARCY.

C'est cela !.. (*A part.*) Une femme qui n'a lu que
des contes de fées, c'est une trouvaille...

ARSÈNE.

Et puis , ensuite ?..

DARCY.

Une chose très facile... au lieu de refuser, comme
vous le faisiez tout-à-l'heure, il faudra vous laisser

habiller comme une demoiselle... une robe... un
petit bonnet...

ARSÈNE.

Oui, oui, mais ma tante Barbe disait que c'était
un péché de se déguiser !..

DARCY.

Elle avait ses raisons pour ça... d'ailleurs, je le
veux... et vous devez m'obéir...

ARSÈNE.

Allons , je le promets...

DARCY, *à part.*

Et une femme qui obéit toujours !.. c'est une
merveille !.. (*Haut et avec chaleur.*) Après cela,
si vous consentez à me suivre , à quitter ceux qui
vous ont entraîné , vous apprendrez alors qu'il ne
vous manquait peut-être que l'éducation et le costume d'un autre sexe.

ARSÈNE.

Que dites-vous ?..

DARCY, *s'animant de plus en plus.*

Vous apprendrez aussi un grand secret.. celui
de votre naissance... de votre famille... le nom de
votre père... sa volonté formelle que je devais exé-
cuter.

ARSÈNE.

Ah ! mon Dieu ! est-il possible... vous sauriez ?..
ah ! jamais , jusqu'ici , je n'avais songé... parlez ,
parlez toujours !..

DARCY.

Vous n'avez pas encore fait ce qui est indispen-
sable pour faire réussir votre métamorphose !..

ARSÈNE.

Je le ferai !.. je le ferai !.. mais ce secret ?

DARCY *avec malice.*

Vous commencez à devenir femme, voilà déjà
la curiosité.

ARSÈNE.

Je vous en prie, parlez donc..

DARCY.

On vient, je ne le puis... qu'il vous suffise de
savoir que si vous suivez tout ce que je vous ai
dit, il ne tiendra qu'à vous que nous soyons mari et femme.

ARSÈNE.

Mari et femme !... ô ciel ! serait-il donc possible !

DARCY.

Adieu... (*à part*) allons tout disposer pour
l'emmener au plus vite. (*il sort précipitamment*).

SCÈNE VII

ARSÈNE , DORGEVAL *habillé d'une manière
outrée, comme Fortunatus dans l'Ambassadrice.*

DORGEVAL *arrivant par la droite.*

Comment, il ne veut pas ?.. nous allons voir
un peu ! (*il voit Arsène*) Ah ! çà, mon bonhomme,
il n'y a pas à plaisanter ici !.. le premier acte de
l'*Ambassadrice* fait partie du spectacle affiché,
nous sommes déjà costumés en partie... vous
voyez... il n'y a pas à dire... il faut vous habiller pour chanter la *prima dona*.

ARSÈNE.

Ah ! oui, en femme !.. oh ! je ne demande pas
mieux... tout de suite, tout de suite, habillez-moi.

DORGEVAL.

Qu'est-ce qu'on disait donc, que vous refu-
siez ?.. à la bonne heure... eh ! bien, voyons,
hardi !.. *(il montre une robe de femme qu'il tient
sous son bras).*

ARSÈNE *reculant.*

Non, non, pas vous !.. vous ne sauriez pas...

DORGEVAL *avantageux.*

Mon cher ami, j'ai assez vu de femmes à leur
toilette.

ARSÈNE.

J'aime mieux une femme... c'était toujours ma
tante Barbe qui m'arrangeait.

SCÈNE VIII.

LES MÊMES, Mlle FOLLEVILLE *arrive en toilette, tenant d'une main sa perruque poudrée,
et de l'autre un petit miroir de main.*

Mlle FOLLEVILLE.

Décidément je ne peux pas sortir de mes ac-
croche-cœur... dans ces loges, pas seulement
une psyché...

DORGEVAL.

Ah Folleville, ma bonne, nous n'avons plus
qu'une demi-heure... habille-moi donc ce gail-
lard-là... dépêchons-nous, je vais voir mon dé-
cor et mes accessoires !.. *(il sort).*

SCÈNE IX.

ARSÈNE, Mlle FOLLEVILLE.

ARSÈNE.

Si ça vous donne trop de peine, madame, je
saurai bien m'habiller tout seul.

Mlle FOLLEVILLE.

Oui, pour vous fagoter comme ça, mais des
ajustements de femme...

ARSÈNE.

Bah, bah... vous allez voir *(il ôte vivement sa
lévite, et paraît avec un pantalon court et un
gilet d'homme, puis se cache derrière la psyché
pour passer la robe).*

Mlle FOLLEVILLE *regardant.*

Ah ! comme il a la taille fine, on dirait d'une
femme.,. Voyons, mon ange, ajustez-vous un
peu... c'est ça... comme un cœur... hen !.. le
vilain !.. qu'il est joli !

ARSÈNE.

Tant mieux, tant mieux !..

Mlle FOLLEVILLE.

On jurerait que c'est moi, l'année passée, quand
le Trombonne de Boulogne me faisait la cour.

ARSÈNE.

Est-ce qu'il voulait vous épouser ?

Mlle FOLLEVILLE.

Ah !... il y en a bien d'autres qui ont voulu
m'épouser, j'ai toujours eu envie de me marier.

ARSÈNE.

Oh ! ce doit être un grand bonheur ! *(elle repa-
raît ayant passé la robe que Mlle Folleville
agrafe par derrière).*

Mlle FOLLEVILLE *tout en l'habillant.*

Aujourd'hui encore, j'en ferais la folie !.. ah !
oui. . si je trouvais un jeune homme, qui, en dé-
butant sur la scène, voulut être conduit par une
personne expérimentée, je lui dirais, comme je te
dis, Arsène... oh, je te tutoie !.. mais bah !.. entre
camarades... eh bien, je te dirais : j'ai vingt ans,
tu en a dix-neuf peut-être... mais cette différence
est bien légère : qu'est-ce que tu dirais à cela ?

ARSÈNE *gêné.*

Ouf !..

Mlle FOLLEVILLE *vivement.*

Ton cœur soupire ?..

ARSÈNE.

Non, j'étouffe... je crois que vous avez trop
serré la ceinture.

Mlle FOLLEVILLE.

Il aurait fallu un corset... *(Arsène se retourne)*
ah mon Dieu !.. je ne me trompe pas... mais
c'est une femme !..

ARSÈNE *étonnée.*

Une femme !..

Mlle FOLLEVILLE.

Elle aurait abusé ma candeur ! fi, mademoiselle !.. ça ne se fait pas...

ARSÈNE *stupéfaite.*

Moi... une femme !.. quel bonheur!..

Mlle FOLLEVILLE.

Vous ne le saviez pas ?..

ARSÈNE *naïvement.*

Personne ne me l'avait jamais dit.

Mlle FOLLEVILLE.

Laissez-nous donc la paix !.. c'est peut-être une
ancienne danseuse seulement... vous avez crû me
mystifier, madame, mais, au fait, je pouvais m'y
tromper, car vous n'avez aucune des grâces de
mon sexe... mais cela ne se passera pas comme
ça... si Dorgeval vous reçoit, d'abord, je romps
mon engagement, et je lache la troupe... Dorgeval ! Dorgeval ! *(elle sort en criant et mettant sa
perruque sur sa tête).*

SCÈNE X.

ARSÈNE SEULE, *surprise.*

Je suis une femme !.. c'était-là le secret qu'il
voulait me dire... oui je comprends maintenant
tous ses discours... et pourquoi je n'éprouvais
rien pour la petite Nicole, ni auprès de cette dame
de tout-à-l'heure, et pourquoi mon cœur battait
quand lui s'approchait de moi et me prenait la
main... je suis une femme ! ah que je suis heu-
reuse !

Air : Belle pour lui. (Mlle Pujet).

Pour lui,
Je voudrais être belle, bien belle, très belle,
 Sous les habits d'un' demoiselle ;
  Quel plaisir ici !
Grâce à cette robe nouvelle,
 A cette dentelle,
Si je puis lui paraître belle,
  Quel doux espoir
 Vient me charmer ce soir,
 Que je voudrais me voir.

Je suis fille :
Mais gentille,
Le paraîtrai-je à ses yeux ?
Ah je tremble !
Il me semble,
Pourtant que je suis bien mieux,
Oh , s'il se peut que je lui plaise,
Je crois deviner le bonheur.
Sous cet habit plus à son aise,
Je sens pour lui battre mon cœur.

Oh ! pour lui que je sois bien belle ! etc.

SCÈNE XI.

ARSÈNE, TUYAU et LES COMÉDIENS accourant,
(Ils sont en costume de théâtre, et entrent
en se disputant). Ensuite. CLOUD.

CHŒUR.

Air. Pour mon honneur quelle injure. (Mon ami Pierrot).

LES FEMMES.
De l'engager comme une femme,
Non, non, vous n'avez pas raison.
LES HOMMES.
Eh quoi, vraiment, c'est une femme,
Elle sauve notre saison.

Ensemble.

CLOUD entrant.
Dites donc M. Tuyau, je vous annonce M. La-
barre et la mère Barbe.
ARSÈNE.
Ah ! tant mieux.
CLOUD surpris
Tiens... tiens...

SCÈNE XII.

LES MÊMES, BARBE, LABARRE.

BARBE.
Ah la voilà !.. chère enfant !
ARSÈNE se jetant dans ses bras.
Ma bonne tante !..
LABARRE.
Ma compatriote et mon administrée...
TUYAU.
Mais c'est un garçon.
BARBE.
Une demoiselle.
TUYAU.
J'en demande la preuve à l'instant même.
ARSÈNE s'avançant.
Monsieur, je vais tâcher de m'expliquer.

Air : de Haine aux Femmes.

J'ai perdu ma mère en naissant,
(montrant Barbe)
Et grâce à sa bonté constante,
Je fus heureux, moi, pauvre enfant,
De trouver en elle une tante.
BARBE.
Pour la sauver, je fus sa tante.
ARSÈNE montrant Labarre.
L'un me traitant comme un garçon,
M'apprenait l'exercice,
(montrant Tuyau),
Et l'autre, dans mainte leçon
M'élevait en novice,
TUYAU.
Pour Saint-Roch ou pour Saint-Sulpice.
ARSÈNE montrant Dorgeval.
Monsieur, comme actrice aujourd'hui,
Pour son théâtre me réclame...
(montrant Darcy)
Mais, je le sens, voilà celui,
Pour qui, seul, je veux être femme ,
Pour qui, désormais, je suis femme...

DARCY, BARBE ET TUYAU.

Elle est { ma / sa } femme.

TOUS LES AUTRES.
C'est une femme.

CLOUD.
Oh si j'avais su çà quand nous jouions aux jeux
innocents !
TUYAU.
Être perverti ! point de mots à double entente...
DORGEVAL.
Ah ça, et nous, s'il vous plaît, qui est-ce qui
jouera notre Dugazon ?
Mlle FOLLEVILLE.
Parbleu ! je l'ai jouée à Saumur... et même à
Arpajon... je puis bien la jouer à Bade.
CLOUD.
Au fait, madame peut très bien passer pour
une ingénue devant un public de badauds.
TUYAU à Arsène.
Permettez-moi une dernière allocution : N'ou-
bliez jamais mes principes, ma chère élève, ayez
toujours un excellent cœur... travaillez de tout
cœur... méprisez les sans-cœur... et, en vous ma-
riant, aimez votre époux et vos enfants de cœur !!

CHŒUR FINAL.

Ce soir, enfin tout s'explique,
Pour nous tous quel heureux sort.
Et grâces à la musique
Ici chacun est d'accord.

FIN DE L'ENFANT DE CHOEUR.

Imprimerie de Chassaignon, à Châtel-Censoir.